Magia: Tú

Notas Mentales de Luz

Paloma Alcantar

MAGIA: TÚ. Notas Mentales de Luz © 2023 Paloma Alcantar

Impreso por: Alegria Publishing
Diseño e ilustración: Sirenas Creative / Diane Castañeda
Alas doradas de cubierta: Gwendoline Gómez
Ilustración de cubierta: Débora Marli de Souza
Cuidado de Edición: Michelle Remond Christen

Contacto: lluviacallada@gmail.com
          davina@alegriamagazine.com

ISBN: 9798988174608
Library of Congress Control Number: 2023907200

Impreso en los Estados Unidos de América -
Printed in the United States of America

Magia: Tú

NOTAS MENTALES DE LUZ

PALOMA ALCANTAR

Simbología de las alas doradas

Las alas han sido durante mucho tiempo asociadas a las energías de luz, mensajes de la divinidad y elevación de peticiones. Representan la libertad de cuerpo y mente; son símbolo de ascensión espiritual y de la búsqueda de sabiduría y conocimiento. El color dorado representa la riqueza tanto material como espiritual, la abundancia y la soberanía.
Es el color que nos conecta con el gran sol.

A Gustavo y Alejandro, mis hijos.

Porque a través del trabajo profundo que generó la creación de este libro, hoy los reconozco como espíritus libres que, si bien eligieron compartir camino conmigo, no están condicionados a mis juicios, expectativas, creencias limitantes o patrones dolorosos. Sus almas valientes van disolviendo las ataduras generacionales que no les resuenan, y me enseñan que la libertad, la verdadera libertad, no es física. Al amor, a la luz y a la Divinidad encomiendo su existir. Los amo profundamente.

Índice

Prólogo

Paloma, en su libro *Magia: Tú. Notas mentales de luz* lleva al lector por un viaje profundo e íntimo.

Cada página viene con un gran mensaje de reflexión, muchas veces enfocado a esas emociones que van desde la oscuridad a la luz, entendiendo que cada una de las emociones son necesarias para que podamos elevarnos a espacios de auto-amor y abundancia.

En este libro la autora hace un llamado al cambio. Y nos invita a que, a través de la práctica diaria de la poesía, meditación, afirmación y rituales ancestrales, le demos forma a nuestra propia realidad.

Acepta la invitación que Paloma, con tanto amor, nos regala en su libro y empápate de toda su sabiduría. Su legado que hará que tu vida se llene de MAGIA, esa magia que eres tú transformando tu alma. Disfruta tu lectura.

Mercedes Guzman
Máster en Sanación del Niño Interior.
Autora de Confesiones de Tu Niño Interior

Introducción

*"Hay personas que son alas,
cielo y ganas de volar".*
—Michelle Remond

A lo largo de los últimos años me he adentrado en el mundo del crecimiento personal, espiritual y holístico como parte de mi viaje de sanación. Me he preparado con grandes maestros que llegaron a mí con la generosidad de compartirme sus conocimientos para transformar mi realidad; a veces, me cuesta recordar todo lo que he pasado para estar hoy aquí compartiéndote un nuevo libro. Y todo esto, sin dejar la poesía de lado, porque mi alma nació poeta, y trascenderá de la misma forma, eso es seguro.

Aquí te comparto mi sentir espiritual y mis prácticas diarias basadas en la alquimia energética, la meditación y el estilo de vida holístico. No te hablo de esto porque está de moda, te estoy abriendo una ventana a mi intimidad y a lo que hoy es mi vida: una danza dual entre la luz y la sombra, la alegría y el dolor, la fe y la magia de mi propio caos. Si algo he aprendido es que nunca estamos solos, lo queramos o no, estamos en un viaje colectivo, y desde este espacio, escribo.

Este libro es un recordatorio de nuestra conexión con lo divino y con nuestra sabiduría sagrada. Es una compilación de poemas, escritura emocional y pequeños rituales que cumplen con su propósito de llevarnos frente a lo no visible para los ojos físicos, pero palpable más allá de los cinco sentidos donde conectamos en profundidad con el poder personal, las energías divinas y los mensajes de la Madre Tierra.

Gracias por acompañarme y abrazar estas letras.

Paloma Alcantar, 2023.

Tú: ser

∞

Armonía

Bendigo mis manos,
manos tejedoras de letras,
manos cuidadoras de anhelos,
manos ave y manos raíz,
manos remedio de la abuela,
manos café de olla y olor a canela,
manos sabor amaranto y alegría,
manos pasión abrasando la piel,
manos esperanza que atine a la vida,
manos arrullo sublime bajo la llovizna,
manos hermana, hija, esposa y amiga,
manos que acarician a los seres queridos,
manos que zurcieron un corazón hecho trizas
y así fue que aprendieron a sostener(se).

Reconocimiento

Mi cuerpo reconoce el camino,
lo escucho;
su sabiduría es sagrada.
Dejo de resistir, fluyo.
Estoy cansada de luchar contra él.
Lo libero de la culpa que nunca le perteneció,
lo despojo de los juicios con los que lo vestí.
Cesa la guerra que por años mantuvimos,
me reconcilio con el reflejo en el espejo.
No, aún no estamos en paz,
mas estamos trabajando en ello.

Magia: Tú

Inocencia

La vulnerabilidad ante las heridas de la infancia
que aún necesitan sutura.
Heridas humedecidas por gotas de bebida
que penetraron sin anuncio a través de la luna.
Lesiones ocultas entre el letargo del abandono
y la culpa ajena no asumida.
Palabras obscenas tatuadas en lo que un día fue
una memoria pura.
Golpes transgeneracionales que siguen atados
a los huecos de las puertas.
Traiciones ancestrales de las que no nos dimos
ni cuenta, y ahora, son nuestras.
Cerrar el ciclo para que no se repita.
¡Vaya misión, la nuestra!

Magia: Tú

Dolor

Habrá tiempos en los que la vida duela,
los sueños duelan,
el amor duela,
las despedidas,
los reencuentros,
habrá veces en que la historia completa se rompa, y
quizá sea la oportunidad de contarnos una nueva.

Nota de luz

Lo cierto es que en esos momentos tan aterradores la
obscuridad es un parteaguas. Es como si después de
sobrevivir a un dolor así, la vida jamás pudiese volver a ser la
misma. Cuando el corazón se rompe, está en pedazos. Punto.
Así, que seamos empáticos ante él y las personas que lo están
atravesando, recordemos que cada alma es única, y por lo
tanto la forma de enfrentarnos a las circunstancias de la vida
son diferentes: sanamos a nuestro modo, a nuestro tiempo.
Bajo un cielo obscuro seamos esa lucecita que ilumina el
camino de otro.

El dolor nos enseña la dualidad que nos habita, porque en el
momento en el que lo sufrimos somos tan vulnerables como
valientes para contenerlo. Un corazón roto se lleva en silencio
y para lograr escucharlo necesitas abrazar todos sus pedazos.

.

Amuleto

Tengo un corazón con alas,
que me susurra los días
pasados desde la nostalgia,
el dolor, incluso, desde el trauma.
Vuelvo con atención a la historia
no contada.

Tengo un corazón con alas,
que me recuerda mis posibilidades
infinitas, igual que a una melodía
que tararea desde la alegría.
Celebro con sabiduría el camino
andado.

Tengo un corazón con alas
que, en medio del sueño profundo,
explora lugares extraordinarios,
los reconoce por sus olores, sabores y colores.
Confío en la certeza de un mundo
armonioso y sublime.

Sí, tengo un corazón que me da alas.

Carta a Mi Padre

Que donde hoy estés,
sea un mejor lugar para ti, papá.
Deseo que tu alma de niño sonría de nuevo
al reencontrarse con la inocencia perdida de tu infancia.

Ya no hay culpas ni anhelos,
todo lo dijiste, todo lo diste.
Gracias por no darte por vencido,
a pesar de los años que te arrebató la bebida.
No tienes deuda alguna conmigo,
hiciste lo mejor con lo que tú conocías,
hoy lo entiendo.

Desde la mujer que soy hoy,
te abrazo al igual que cuando pequeña
cabía entre tus brazos.
Lloro y me reconfortas.
Es extraño echarte de menos,
cuando te siento cerca en todo momento,
te escucho en el canto de las aves
que llega por mi ventana cada mañana,
te veo en las extrañas formas de las nubes,
que a veces, se parecen a tu risa.

No sé cómo explicarlo,
pero estando lejos, te siento tan cerca
que me niego a olvidar tu presencia.
Quizás es cierto aquello de que la muerte no existe,
de que el alma es eterna y algún día
nos volveremos a encontrar;
en otra vida, con otros nombres,
en lo efímero de la eternidad.

Te amo siempre, papá.

Decreto al Cuerpo

— Ritual —

Me libero del peso físico que no me pertenece,
que nunca me perteneció. Lo devuelvo con compasión
a su lugar de origen y pido que sea transmutado en amor.
Me libero del dolor que le he causado, del abandono, de los
golpes, de la humillación a lo que lo expuse, de los juicios, de
las burlas, del rechazo, de revestirlo con silencios y mentiras.
Me libero del peso emocional que no me pertenece,
que nunca me perteneció. Lo devuelvo con compasión,
a su lugar de origen y pido que sea trasmutado en amor.

Nota de luz:

Cuando te sientas cansada de la lucha contra tu cuerpo, repite
este decreto abrazándote, acariciándote, dándote el amor que
mereces. Recordándote que eres perfecta, que todo está en
orden.

La Rosa

— Ritual —

Tu mensaje ha sido escuchado.
Estás aquí para recordarnos que la belleza y el dolor
coexisten en armonía.
La luz y la sombra.
Los pétalos y las espinas.
La sangre y el agua.
El amor y la despedida.
La fe y el temor que con naturalidad nos habitan.
El cielo y el fuego.
Floreces y marchitas;
el proceso de la vida.
Este es el momento,
esperábamos por ti.
Aroma sagrado,
regalo sublime,
presencia idílica,
frescura poética,
sabiduría celestial.

Nota de luz

La energía de las rosas es de una vibración muy alta. Es la flor que nos recuerda la belleza, nos conecta con la abundancia, el dinero, la poesía, lo místico y el amor incondicional. Florecer para morir después, el ciclo de la vida. Su olor es bálsamo para el alma: una gotita de aceite de rosas puro nos ayuda a activar nuestra intuición a través del tercer ojo, este punto energético de nuestro cuerpo es el canal de comunicación entre la sabiduría de tu Ser Superior y el corazón.

Con relación a la simbología, la rosa representa el misterio, la belleza, lo sutil, el amor, el camino espiritual. Explorarla es abrir un canal de crecimiento profundo, y estar en contacto con ellas nos pone de frente a la perfección en medio de las espinas, es decir, con la alegría en medio del dolor.

La rosa es una flor bondadosa con los seres humanos, carga la energía de la Madre Tierra para compartirla con nosotros; es una flor sagrada y por lo mismo debemos hacer uso consciente de ella y sus recursos. Agradecer su existencia es brindarle el regalo del reconocimiento.

Irreverencia

Al silencio le molesta que le hagamos ruido.
Al adiós lo que le duele, es que nos marchemos sin cerrar la
puerta.
Al amor que nos fallemos a nosotras mismas.
A la muerte que no la nombremos.
A la tristeza que la disfracemos de sonrisas falsas.
A la risa le duele no llegar a las lágrimas.
A la lluvia que no encontremos el camino de regreso al mar.
A la soledad que la llenemos de vacíos.
A la fe que le pongas el antifaz de la hipocresía.
A la vida lo que le duele es que pases
de ella sin aprender a bailar.

Tú: libre albedrío

∞

Magia: Tú

Tu Poder de Decisión

Habría que agradecer al cielo
y en nuestro libre albedrío confiar,
a la divinidad que nos regala
el maravilloso derecho a despertar.
El corazón habla si lo sabes escuchar.

Nota de luz

La voluntad me parece uno de los regalos más hermosos con los que vinimos a este espacio, esto nos brinda la oportunidad de ser únicos. No hay nadie igual a ti en este mundo, absolutamente nadie. ¡Qué dicha!

Cada ser humano es la consecuencia de las decisiones que ha tomado a lo largo de su vida. Y, aunque pareciera que todo estaba ya escrito, la verdad es que no es así: siempre hemos tenido el poder de elegir. Lo que sucede es que estamos tan acostumbrados a no tomar la responsabilidad por este regalo, que se nos ha hecho más fácil culpar al gobierno, a nuestros padres o simplemente a las circunstancias de las cuales creemos que somos víctimas. Cualquier cosa que te cuesta la sonrisa, te está saliendo demasiado cara.

Magia: Tú

El Poder de Creer lo que Quieres

¿Qué cambió? Cambiamos todos,
creencias, prioridades, anhelos.
Ya no somos los mismos
de antes de la transición colectiva.
Cambió la realidad que creamos en conjunto.
Hemos abierto la mente, pero sobre todo el corazón.
Hemos aprendido a escuchar no solo con los ojos.
Hemos vivido el dolor ajeno como propio.
Hemos tenido que abrazar un nuevo mundo
que se abrió paso entre despedidas.
Hemos conectado con nuestra intuición.
Hemos regresado a la generosidad de la Madre Tierra.

Magia: Tú

Calma

Despacio, despacio.
Es necesario ir lento una vez más,
respirar profundo como recordatorio de vida,
caminar por las calles sin prisa, sin tiempo.
Volver a los rituales del día a día,
conectar con el corazón sin ruido de por medio
y beber el té a sorbitos, desde la consciencia.
Bañarse con agua de rosas y dejarse
acariciar por los rayos del sol y el infinito del cielo.
Quemar palo santo, tabaco sagrado, salvia y los miedos.
Sembrar tus intenciones en noche de luna nueva,
no sin antes derramar suficientes lágrimas por lo que dejas.
Charlar con la intuición y pedirle un consejo,
cepillar el cabello para aclarar los pensamientos.
Confiar en lo no visible a los ojos físicos,
pero palpable más allá de los cinco sentidos.

El Poder de Creer lo que Quieres II

No cierres los ojos a tu sabiduría interna,
más allá de lo que llega a tus oídos
escucha lo que tienes por decirte tú misma.

Recuerda:
Estás aquí para compartir luz, jamás obscuridad.
Estás aquí para crear desde el amor.
Estás aquí porque tu alma así lo pactó.
Estás aquí para creer más allá de lo que ves y escuchas.
Y aquí es donde comienza la magia: dentro de ti.
Tú eres la protagonista de un plan perfecto.

El Duelo de Migrar

Migré hace veintidós años sin un plan a cuestas.
Hui de aquello que siguió mi rastro,
el corazón roto, las ilusiones por los suelos,
un adiós no pronunciado y un grito ahogado.

Soy hija de la tierra sin importar fronteras o lenguas,
¿que por qué amo el español? Porque es lo que soy,
lo que me conecta con la yo de entonces
que no deseo que muera.

Durante muchos años creí deberle lealtad
a la tierra donde nací,
¡y qué difícil fue amar esa tierra en ese entonces!
El legado de mi abuelo, el recuerdo de mi padre,
los platillos de la abuela, la algarabía de mi madre,
la tumba de mis ancestros,
el olor a maíz recién cosechado, la brisa de los pastizales,
lo bermejo del campo, la neblina matutina,
una enorme higuera,
¡por Dios, la noche y sus estrellas!
Recuerdo poco, mi mente prefirió borrarlo casi todo:
el trauma y el karma y el drama.

Llevo los sentimientos enredados,
mas hoy sé,
que no hay pueblo en el mundo que
me anhele con tanto amor como aquel.
El alma necesita tiempo.

Magia: Tú

Infalible

Confío plenamente en la capacidad
que tiene el alma,
de elegir el jardín en el que quiere florecer.
Confío plenamente en la capacidad
que tiene el corazón,
para sanar, perdonar y volverlo a intentar.

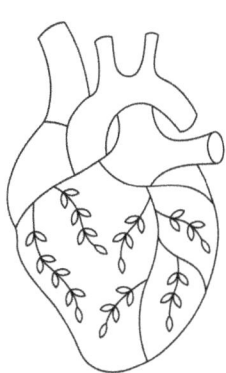

Protección Para Tus Seres Queridos

— Ritual —

Solicito ayuda a la divinidad para que cubra con una burbuja de luz a _____, que en todo momento esta protección y el apoyo que se le brinden estén alineados con el libre albedrío de su alma y lo que esta elige experimentar en todas las líneas del tiempo.
Que los caminos se abran ante sus pasos y
que sus guías le acompañen en su propósito de vida.
En amor y en luz.
Cubierto y protegido.
Cubierto y protegido.
Hecho está. Hecho está. Hecho está.

Nota de luz

Cada alma elige el lugar donde desea estar y las situaciones que atraviesa, esto está más allá del amor por nuestros seres queridos. Todos nacimos con el regalo del libre albedrío, y no podemos imponer nuestros deseos ante esto. Por eso cuando solicitamos protección y/o ayuda para otros, lo hacemos con mucho respeto, amor y consciencia, y honrando su poder de decisión, visualizando que, al momento de repetir esto, la persona está siendo cubierta por la luz divina. Luego pones tus manos en el corazón y agradeces tres veces.

La Importancia de Un Escudo Energético

— Ritual —

Este es uno de los rituales más útiles en el día a día pues constantemente estamos expuestos a la energía colectiva o permanecemos en espacios cerrados o rodeados de muchas personas. A veces, dependiendo de la sensibilidad de cada quién, esa exposición puede ser desgastante para el cuerpo. Recolecta tu energía gastada en lugares, personas y/o situaciones que ya no suman o que ya no son parte de tu camino y crea un escudo energético alrededor de tu cuerpo físico:

1.   Con los pies descalzos sobre el suelo cierras los ojos, lleva tus manos hacia el piso como si estuvieses recolectando algo (esta es la energía que tomas de la Madre Tierra) y lo traes de nuevo hacia ti, primero sobre tu cabeza; repites el mismo proceso llevando la energía con tus manos hacia tu corazón; repites una última vez y llevas la energía con tus manos hacia tu vientre. En todo momento pones la intención en cada paso y solicitas que trabaje como tú lo requieres en este momento. Agradeces tres veces.

2.   Te visualizas en la situación/momento/discusión donde sientes que se quedó atrapada tu energía, ingresas a ese espacio con el corazón abierto y sin juicios sobre lo que pasó, recolectas tu energía, agradeces y pides que sea transmutada en amor divino.

3.   Solicitas a la divinidad que cubra con una burbuja de luz tu cuerpo físico y tu campo energético, que en todo momento esta protección y el apoyo que se te brinden estén alineados con el libre albedrío de tu alma y lo que esta elige experimentar en este momento.

Nota de luz

Las redes sociales, la percepción de otros, los juicios personales, la comparación continua que la sociedad ha normalizado, todo esto son canales de escape para nuestra energía vital, aquí la importancia de estar cubiertas en todo momento y de entender que tu verdad, tu realidad, tus creencias e incluso tus limitaciones son completamente diferentes de cómo otros lo perciben.

La importancia de saber quién SÍ eres y tu propósito en este mundo es lo que te mantendrá centrada una y otra vez. Bebe bastante agua durante el día, el agua limpia y permite que la energía fluya.

Renacer

Arrullo de la noche,
suspiro ante el dolor,
murmullo de los ángeles,
augurio de la vida.

Sanación divina
aguarda en tus labios,
caricias que tus manos llevan
hacia el dolor impregnado en la vida.

Cálida sonrisa de niña,
¿qué andar fue el que te marcó?
Presencia simultánea
entre el pasado y el presente.

Noches que obscurecen el alma
esperando por ti están,
días que llevan el mar en los ojos,
lluvia, que cesa ante tu generosidad.

¡Qué bonito que hayas nacido!

Tú:
abundancia

∞

La Alquimia del Dinero

Sana tu relación con el dinero.
Reconoce su energía limpia,
fomenta una nueva relación con él,
amorosa,
de acompañamiento,
de apoyo y contención.
El dinero es nuestro propio camino
hacia el corazón, está aquí
para apoyar nuestros sueños.

El dinero es aliado y no verdugo.
Y tu realidad puede ser otra,
donde el dinero fluya como el agua,
donde el agua fluya como el amor,
y estén contigo todos los días,
incluso en esos momentos
cuando crees que te han dejado sola.

La energía del dinero es divina, poderosa y amorosa;
ábrete a ella, reconócete en ella.
Limpia tu linaje,
depura patrones y pensamientos limitantes.
Por ti, por los que están,
por los que vendrán y han pasado.
Valientísima.

El Dinero es amor:
Él te ama con la misma intensidad
con la que tú te abres a su frecuencia.
Y su propósito es ser utilizado
para el mayor bien de todos.
Nosotras, nosotros, solo somos su canal
y lo dejamos trabajar en formas
inimaginables.

El Arte de la Manifestación

Manifestar es un acto de amor hacia ti misma. Solicita que todo aquello que deseas experimentar en esta realidad se alinee con tu mayor bien y el de las personas que te rodean, esto define tus valores para manifestar; tú elijes los tuyos.

Manifestamos desde el corazón. Para ser/tener algo, requerirás actuar como si ya lo fueses o lo tuvieses, porque en realidad es así, esta visión ya está creada para ti en algún plano, tu trabajo es conectarte tanto con esa, tu mejor versión, y encarnarla en esta realidad. Cuando nos iniciamos en este maravilloso y mágico camino de la manifestación, lo hacemos en conjunto con la claridad, porque para seguir un camino debes saber hacia dónde vas, no cómo vas a llegar, pero sí cuál es el destino. Soñamos con aquellas cosas que somos capaces de crear, la vida nos da la oportunidad de soñar con lo que está disponible para nosotras, de otra forma, ni siquiera estaría en nuestra mente. Confía en tu poder de creación, confía en ti y en la vida.

Utiliza imágenes, frases y la escritura —la pluma es una varita mágica—, escribe detalladamente tu visión, escribe cómo te quieres sentir, lugares en los que deseas estar, los olores y sabores que quieres experimentar, describe espacios, colores, emociones… y de vez en cuando, vuelve a leerlo. La mente se distrae con el ruido cotidiano, ver imágenes que nos impulsan, frases que inspiran y nos traen de nuevo al presente, son un recordatorio del viaje en el que vamos. No es un camino color de rosa, te encontrarás con retos, lágrimas, vulnerabilidad, cambios, saltos que no te creías capaz de dar… no temas, te has preparado para esto.

Nota de luz

En los últimos tiempos hemos llevado el tema de la

manifestación hacia un punto muy distorsionado, creer que con solo repetir frases positivas o visualizar todo el día vamos a lograr tener todo lo que deseamos. Obviamente estos son pasos importantes, pero no son los únicos. Manifestamos desde la presencia plena, co-creamos una realidad más expansiva de nosotras mismas alineada con el amor, el propósito y el compromiso. El creer y crear son tan importantes como el ser y hacer.

Desde mi experiencia, manifestar es una co-creación divina: **propósito de vida + energía + acción.** No tienes que saber cómo hacerlo, tienes que estar constantemente en un estado de inspiración y claridad que te permita entender ese siguiente paso a dar. El camino hacia la manifestación lo visualizo como una escalera, cada peldaño representa una acción/ decisión/ elección; en el tope de la escalera está aquello que sueñas, para llegar a ello tienes que hacer tu parte, el Universo se encarga de darte las herramientas, de ponerte frente a las oportunidades, las relaciones y/o los espacios, pero si vives dentro del caos mental, el ruido no te permitirá identificarlos. No necesitas imitar el camino de nadie, no necesitas subir la misma escalera de otra persona, lo único que necesitas es confiar en tu capacidad para identificar tu propio camino y seguirlo.

Otro paso crucial es identificar los valores que regirán tu proceso de manifestación, porque atravesarás pruebas, y si no tienes tus cimientos sólidos, puedes tomar una decisión que te desvíe de tu meta o te mantenga estática. Recordar siempre que tus experiencias y tu percepción de la vida son los ojos con los que ves el mundo. ¿Qué tan comprometida te sientes para conseguir lo que deseas? ¿Es realmente tu sueño o el de alguien más? ¿Estás tratando de llenar un vacío o cumpliendo expectativas ajenas?

Decreto a la Abundancia

— Ritual —

Soy una con la sabiduría de mi alma,
con la energía divina que lo impregna todo.
Soy un espacio limpio y seguro para la Energía de la
Abundancia.

Estás aquí, lo sé.
Siento tu presencia y me rindo ante ti.
Solicito tu apoyo para acceder a toda la abundancia que está
disponible para mí.
Pido que se alinee en todo momento con mi propósito de
vida, mi mayor bien, el de aquellos que me rodean y el del
Universo.
Muéstrame aquello que aún no logro ver.
Hazme saber que no me dejas sola, incluso cuando dudo
enséñame que soy un templo para ti, para mí.
Recuérdame los códigos sagrados de tu frecuencia.
Estoy lista, estoy abierta, he trabajado para llegar hasta aquí.
Disolviendo resistencias, acariciando pasado, presente y
futuro.
La que soy, la que fui y en la que me estoy convirtiendo.

Gracias. Gracias. Gracias.

Nota de luz

La Abundancia es energía limpia y pura que está dispuesta a
impregnar tu vida con determinación, está en todo lo que te
rodea, y la gratitud es la llave que te conecta de forma directa
con ella.

Es una energía tan fuerte como lo es el amor, por eso coexisten
en armonía, es la fuente infinita de la expansión misma.

Reconocerla en tu vida traerá luz a tu camino porque, una vez que le abres la puerta, ella se compromete a mostrarte que estará a tu lado en todo momento; incluso cuando no sientes su presencia, ella está ahí. Y confiar en esto será tu labor cada día.

A menudo asociamos La Abundancia con cosas materiales o riqueza, y esta creencia limita nuestra apreciación de lo que ella representa pues su poder se expande más allá del dinero. Si se lo permites, ella hará abundantes todas las áreas de tu vida: relaciones sanas, creatividad, oportunidades, inspiración, prosperidad, salud, personas que apoyan tu camino, recursos. Todos estos son canales donde ella se hace presente en tu recorrido: está aquí para recordarte quién SÍ eres. La Abundancia es tu conexión con la divinidad, contemplarla en las cosas pequeñitas que damos por hecho todos los días, y agradecer con intención es el camino de la co-creación con ella.

La Abundancia es una energía que requiere de mucha presencia tuya (mindfulness), de otra forma puede pasar desapercibida, lo que provocará tu inconexión con la expansión y el aprendizaje, muchas veces las grandes lecciones de nuestra vida se manifiestan a través de ella. Es una energía a la que no le gusta estar estática; ama la fluidez, la creación, la belleza, y espera de ti lo mismo: que estés en movimiento y en creatividad. Ella está dispuesta a darte todo lo que necesitas para compartir tus regalos con el mundo, pero para esto, tendrás que explorar lo qué crees de ella. Tu trabajo es asegurarte de que eres un templo seguro para esta energía divina.

Con corazón y mente abiertos reconócela, confía en su poder, fluye con ella, háblale, invítale a ser parte de tus sueños. Ella está dispuesta a caminar a tu lado.

Preguntas de Reflexión

¿Qué es la abundancia para ti?

¿Qué te gustaría que la energía de la abundancia te ayudara a manifestar?

¿Te comprometes a trabajar tu relación con la abundancia? ¿Cómo lo harás?

Decreto de Abundancia Económica

— Ritual —

"**M**i realidad económica es 100% responsabilidad mía."
Repítelo.

"Mi realidad económica es 100% responsabilidad mía."
Siéntelo.

"Mi realidad económica es 100% responsabilidad mía."
Vívelo.

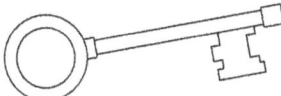

Nota de luz

Te recomiendo leer estas líneas en voz alta y repetirlo durante varios días consecutivos, puedes hacerlo frente al espejo o incluirlo en tu práctica diaria. Pones tus manos sobre tu vientre y dices: Hecho está. Hecho está. Hecho está.

Gratitud

Gracias. Gracias. Gracias.
Aprendí a dejar de dar por hecho lo cotidiano
cuando me vi frente a su vulnerabilidad.
Vivo la eternidad en el segundo que pasó y no volverá,
me embriago con los olores, los sabores y los colores,
cierro los ojos, y escucho el canto de la naturaleza.
Respiro desde la profundidad de mis pulmones
reconociendo un soplo de vida en este acto. Agradezco.
Conecto con los animales, me identifico con su dolor,
sus miedos, sus necesidades… soy uno de ellos.
Honro la amistad, las risas, los abrazos y la lealtad.
Amo profundamente como si el hoy fuese el final,
porque algún hoy lo será. Es el ciclo de la vida y la muerte.
Gratitud es experimentar esta mezcla de emociones
todos los días, incluso, aquellos cuando se activa
el modo automático.
Dar ese primer suspiro al despertar,
apoderarte de esos sublimes instantes de realidad,
y elevar una oración por esta nueva oportunidad.

Tú: semillas

∞

No sanaste aún, querida;
lo estás intentando.
¡Qué bonita te calza la valentía!

Si el amor es curativo,
el amor propio es mágico.
Tú eres la alquimista.

Magia: Tú

Querida:
Ojalá que por amor (a ti)
logres todo aquello de lo
que no te creías capaz.

**Sé de (esos) seres hermosos que toman
un corazón roto entre sus manos,
y en lugar de ilusiones, le plantan flores.**

**Creo en el poder y
en la divinidad de mi alma.**

La frecuencia del amor eres tú.
Y nada vibra más alto que el amor.

**Solamente un corazón
que se ha roto desde sus profundidades,
es capaz de abrirse paso
a través de su vulnerabilidad.
¿Te reconoces?**

Querida:
Las noches obscuras que atraviesas
son pruebas que tu alma pactó,
y no por eso dejan de ser dolorosas.
Sin embargo, bajo un cielo obscuro
hay una estela de luz guiándote
y sosteniendo tu trayecto.
No estás sola, nunca lo estuviste.

Mantra:

**Soy una expresión de
la divinidad en la tierra
viviendo esta realidad
desde la versión más elevada
de mí misma.**

Tú: pertenencia

∞

Tribu

Honro la mujer que soy hoy,
honro a las mujeres que iluminan mi camino.
Si te honras, me honras,
todas somos una,
estamos conectadas por una fuerza divina.
Mujeres telar.
Mujeres diosas.
Mujeres hechiceras.
Mujeres poetas.

Abrazo tus logros y tu dolor,
cobijas mis sueños e ilusiones.
Dejamos de estar en guerra hace mucho tiempo,
ahora, vinimos hasta aquí para contenernos las unas a las otras.
Estamos despertando, somos fuertes y valientes.
Mujeres telar.
Mujeres diosas.
Mujeres hechiceras.
Mujeres poetas.

El Universo nos protege,
los caminos se abren ante nuestros pasos,
estamos en el lugar correcto,
el tiempo es certero, no hay duda.
En amor y en luz.
Ancladas a la tierra y mirando hacia el cielo.
Todo desde el corazón, no hay otra forma.
Mujeres telar.
Mujeres diosas.
Mujeres hechiceras.
Mujeres poetas.

Esencia

Me reconozco en el vuelo del colibrí,
en la danza de la serpiente,
en la libertad del leopardo.

Me reconozco en la fluidez de la cascada,
en la bravura del mar,
en el romper de la ola.

Me reconozco en el brillo de la estrella,
en lo algodonado de las nubes,
en lo interminable del Cosmos.

Me reconozco en el azul del cielo,
en la ceniza que emerge del volcán,
en la semilla que brota de la tierra.

Me reconozco, tanto en la flor como en la abeja.
Me reconozco, siendo parte del plan divino.
Me reconozco porque pertenezco.

Escuché el llamado.

Expansión

No entiendo cómo, pero esto pasa:
un día miras a tu alrededor y muchos
ya se han alejado.
No hubo despedida ni llanto ni un hasta pronto,
simplemente salieron sin cerrar la puerta.
Ya no comparten ni tu camino ni tus sueños
y mucho menos tus prioridades. Y está bien, es válido.
Es parte del crecimiento de todos.

Recuérdalo siempre, sin importar lo que nos
ha enseñado la ciencia: crecer es hacia adentro.

Legado

Entrego todo el karma ancestral
que cayó sobre mí al nacer,
lo devuelvo al origen donde fue creado
y, a través de esto, le abro paso a la compasión
por mí y mis generaciones pasadas y futuras.

Soy la rama que danza con el viento,
complemento de mi árbol genealógico,
inocencia y armonía pura.
Libero la culpa y cualquier contrato familiar
inconscientemente adquirido,
me reconcilio con mis ancestros,
valido su dolor y lucha.

Desde mi voz y la valentía que me
impulsa a sanar cada día,
me consuelo en el abuelo roble,
él me abriga.
Las lágrimas purifican desde la profundidad.

Solicito que mi linaje sea absuelto,
sanado y sostenido por la luz divina,
más allá del espacio y tiempo.
Eres un fruto brotando de este mismo árbol,
tu tribu femenina esperaba por ti, mi niña.

Instantes

La frecuencia del latir de mi corazón
se hila a la voz de mi intuición,
la fusión de ambas es la brújula que guía mi andar.
Pasos firmes en el aire,
raíces profundas trascendiendo dimensiones,
la flor de loto dorada que brota desde el centro de la Tierra
sin conocerme pronuncia mi nombre.

Soy un pequeño destello atravesando el mundo
y desde esta, mi verdad, camino.
Aliento y alimento
es este amor que se me entrega.

Las siete puertas me han sido abiertas,
las diosas guardianas de ellas son mis maestras.
Vibro aquello que aún no se manifiesta,
agradezco por lo que fue y por lo que no.

No tengo duda, ¡nunca estuve sola!

Otoño

Ojalá que al llegar el otoño me germinen las manos,
bajo cielos teñidos y las magníficas lunas de octubre.
La energía de las lunas llenas que nos invita a dejar ir:
"quémalo todo. Llévate lo que duele".
Traigo en el corazón un romance a voces
con las noches de estrellas, los columpios y las mandarinas.

Hay quienes dicen que el verano se lleva en la piel,
y la única certeza que yo tengo
es que, al crujir de las hojas, renacen las flores en el alma.
Si te paras de puntitas,
al borde de la montaña,
el Cosmos parece estar al alcance.

¿Qué si sé querer? Te he guardado la primavera
en una cajita musical, ¡imagínate tú!

Magia: Tú

Limpieza y Protección para el Hogar

— Ritual —

Nuestro hogar, recámara, cocina y oficina son espacios sagrados ya que es donde nuestro cuerpo se nutre, regenera y crea. Mantén en ellos armonía, belleza, aire fresco, agua y respeto.

Paso 1: Planta tu intención clara antes de comenzar la limpieza, asegúrate que nazca de tu corazón (no del miedo) y permite que tu intuición te guíe.

Paso 2: Enciendes un poco de palo santo o salvia blanca, con el humo vas a sahumar el espacio. No es necesario que esté a flama llameante, solamente que arda de tal forma que, al estarse consumiendo, genere el humo sagrado.

Paso 3: Comienza a recorrer el espacio y pasa el humo por las esquinas, puertas y ventanas, con tu mano haces movimientos circulares en el sentido contrario a las manecillas del reloj y repites:

"Doy la orden para que cualquier energía que no pertenece a la luz, sea removida inmediatamente de este espacio físico. Más allá de las líneas del espacio y tiempo.
Doy la orden para que cualquier densidad o resistencia que se encuentra aquí sea removida en este momento, a partir de ahora y para siempre.
Doy la orden de que cualquier presencia no perteneciente al amor, abandone en este momento este espacio sagrado.
Pido que todo esto sea devuelto a su lugar de origen, al espacio a donde pertenece. Y solicito a la generosidad de la Madre Tierra que lo trasmute en luz divina. Gracias. Gracias. Gracias."

Paso 4: Repites el paso 3 frente a los televisores, espejos y computadoras.

Paso 5: Vuelves a pasar el humo, ahora en sentido a las manecillas del reloj y repites:
"Pido que toda la energía de luz, amor, contención y prosperidad sea armonizada en cada rincón de este hogar, a partir de ahora y para siempre. En todas las líneas de espacio y tiempo. Gracias. Gracias. Gracias."

Paso 6: Al finalizar puedes encender una vela por un rato, poner mantras o frecuencia musical para armonizar la energía.

Nota de luz

Este ritual puedes realizarlo una vez por semana o cada vez que sientas que tu casa está alojando densidad o dolor. Esto puede ser causado por alguna enfermedad, rabia, traición, tristeza, miedo, incluso cada persona que ingresa trae su energía propia y la casa puede absorberla. Mantener tu espacio en armonía beneficia a las almas que la habitan, por eso, procura que se vea limpia, con olores agradables, conectada con la naturaleza.

Gaia

La Tierra nos llama, nos grita, nos atrae,
lo ha hecho siempre, sucede que no sabíamos escuchar.
Su sabiduría sagrada, sus códigos de luz y
su memoria ancestral ingresa a través de la planta de
nuestros pies,
trayendo como una corriente eléctrica toda esta información
hacia nuestro ser, somos el puente entre el pasado y el
presente.
Lo efímero, lo etéreo y a la vez eterno.
Nos entrega lo que es para nosotros y toma de nosotros lo
que necesita.
La Tierra sana a través nuestro, sanamos a través de ella,
aquí la importancia de escuchar el legado de los ancestros,
las lenguas antiguas.
El ciclo que no tiene final reflejado en el horizonte,
un acuerdo no escrito y no hablado que nos recuerda el
origen de todo.
Quizá hoy no estés bajo el cielo olvidado,
sin embargo, no dudes que éste es tu lugar; y es perfecto,
todo alrededor es perfecto.
El mundo te necesita luchando,
tu corazón vibrando, y regresando al vientre de la Madre.
Peregrinaje de generaciones infinitas portando el estandarte,
soy, somos, fuimos y seremos. Nos reconocemos.
La flor de loto dorada en el centro de la Tierra
se abre y nos recibe sin recelo.
Hemos llegado a casa, estamos a salvo.

Tú: poder

∞

Tu Último Aliento

Cerré los ojos cuando el silencio se hizo presente,
el olvido marcó la pauta,
y el amor se nos escapó de entre las manos.

Cerré los ojos cuando el tiempo fue efímero,
la eternidad del cielo utópica,
e incontenible el quebranto de la despedida.

Cerré los ojos con la ilusión palpable
de acortar el frío en la distancia.
Sostuve tu último aliento con un beso en la frente.

Cerré los ojos, porque las palabras no le alcanzaban
a la niña que salvaste infinidad de veces, y que te debía la vida.
Mas la mujer que soy no supo hacerlo mejor.

Reinado

Mi realidad
es mi responsabilidad,
lo fue siempre.
Inconscientemente,
durante mucho tiempo,
cedí mi poder a otros.
Hoy estoy aquí para reclamarlo,
anclo mi presencia en este mundo,
soy fuerte, valiente y soberana.
No vengo sola.

Sororidad

Estoy de pie,
a tu lado,
nos acompañamos,
respeto tu andar,
bendigo tus pasos,
invoco a mis ancestros,
agradezco a las guerreras de luz,
a mis guías y maestros ascendidos,
a la generosidad del palo santo,
a la sabiduría del cacao,
al fuego de nuestro vientre,
al amor de la tierra.
Este es un nuevo comienzo.

Mujer Divina

En un mundo que se empeña
en desdibujarte,
cristalizando tus momentos
bajo una lluvia de melancolía,
sonríes.
Y ese es tu eterno poder.

Eres luz,
eres amor,
estás sostenida ante el mundo,
la divinidad te protege,
tu poder te guía,
naciste para brillar,
irradias para compartir.

Corazonada

Puede que no tengas claro hacia dónde ir,
mas tu alma siempre reconocerá el camino.
Existe una conexión alquímica entre el latir
de tu corazón y la voz de la intuición.

Activa los mensajes de tu tercer ojo,
el que todo lo ve y todo lo sabe,
el que conoce todos los caminos.
El canal entre tu Ser Superior,
tu corazón y tú.

Rendición

Abrirle paso a la vida, con sus invaluables sorpresas,
consiste en soltar el control de lo conocido, de lo ya planeado.
Desplomarse junto con las estructuras arcaicas y comenzar
desde el punto cero, ese, en el que lo infinito es posible.
Enlazando nuevos comienzos,
a pesar de los cuestionamientos que traen consigo.
Dar el primer paso, aún con el corazón temblando.
Rendirse desde la plenitud y la certeza,
fluir como las lágrimas que reconocen su camino hacia el mar
o como el águila, no detiene su vuelo a pesar del cansancio
sabiendo que le espera una mejor vista.

Evolución

Me permito darme tiempo y espacio
para sentir y entender.
Me permito descansar, procesar.
intentar y fallar.
Me permito creer y dudar,
llorar y reír.
Me permito y, sobre todo,
me prometo ser fiel a mí misma,
sin culpas, sin juicios, sin reproches: soy cíclica.
La vida es un espiral y no una línea recta
como nos lo han hecho creer.

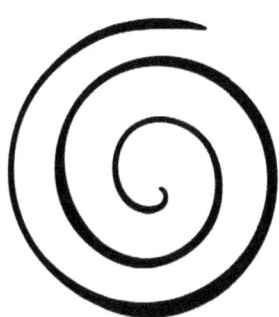

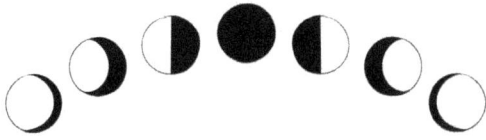

Ella

La luna me persigue,
y mientras más conecto con ella,
más me reconozco en su brillo.
Me nutre de amor, me guía,
es maestra, divinidad y magia.
Soy ella.

El Poder de Mi Voz

—Ritual—

Por mucho tiempo he ignorado
el poder que tienen las palabras.
Por eso a partir de hoy soy amorosa
con las que pronuncio,
me expreso desde mi verdad,
disolviendo los nudos del miedo y de la vulnerabilidad.

Y yo _____
doy la orden a todas las versiones de mí misma,
de todos los espacios y tiempos,
para que con su sabiduría ancestral
mantengan una visión alta de lo que mi alma elige vivir.

Con ternura y amor les abrazo,
les susurro lo fuertes, valientes y generosas que somos.
Les recuerdo que hoy estamos a salvo,
que la divinidad nos protege
y el amor de la Madre Tierra nos sostiene.
Nuestro Ser Superior sabe eso que nosotras aún no:
las respuestas, los códigos, la sabiduría, el poder.

La Energía del Sol

— Ritual —

Yo _____
solicito a la energía de los rayos del sol
que iluminen mi día, mi cuerpo físico y mi campo energético
con un baño de su luz áurea,
a través de la cual recibo
todos los códigos sagrados y la sabiduría divina
que, en este momento, mi realidad requiere.
Pido que esta información esté alineada
con la mayor expansión de mi alma,
y que sea armonizada a una intensidad
que mi ser sepa digerir con facilidad.
Me enlazo a la flor de loto dorada en el centro de la Tierra,
me anclo con la infinidad del Cosmos sobre mi cabeza.
Soy el cielo y la tierra.
Gracias. Gracias. Gracias.

Nota de luz

Te recomiendo hacer este ritual en voz alta, en un lugar donde los rayos del sol caigan sobre ti y con la planta de tus pies sobre la tierra. Pones tus manos sobre el corazón y puedes beber también un poco de agua que haya estado en contacto con la luz del sol.

Oda

Brillas,
polvo de estrellas,
claro de luna,
energía divina,
intuición pura,
agua de rosas,
orquídea sublime,
vuelo del colibrí,
azulados del alba,
vientos de otoño,
resguardo nocturno,
mujer luciérnaga.

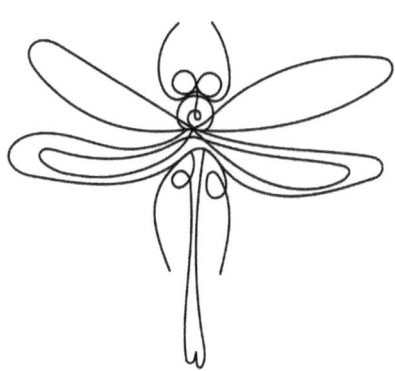

Mis Notas de Luz:

_____

_____

_____

_____

_____

_____

_____

_____

_____

_____

_____

_____

_____

_____

_____

_____

_____

_____

Glosario

Aquí te comparto mis muy personales definiciones de algunos de los términos que incluyo en este libro. Esta es mi percepción de la vida y de la espiritualidad que practico, son mis creencias y experiencias. Tú puedes o no interpretarlo de manera diferente y será igualmente perfecto, no te sientas obligada a adoptarlas si no resuenas con ellas. La verdad no es absoluta, y nuestro derecho divino es creer en aquello con lo que verdaderamente vibramos.

Código de Luz
Es el lenguaje del Universo que nos es transmitido a través de la energía solar y los elementos naturales (tierra, agua, fuego, aire). Es la frecuencia más elevada del Universo viajando multidimensionalmente hacia nuestro cuerpo físico y campo energético. Yo imagino los códigos de luz como figuras geométricas de color dorado, que pueden incluir letras, números y/o signos y que viajan a través de diferentes dimensiones hasta impregnar mi ADN y cada célula de mi cuerpo, entregándome la información que específicamente estoy necesitando para avanzar o mejorar.

Decreto
Es una orden, un conjunto de palabras que crean una frase poderosa que trabaja en diferentes planos. Al repetir un decreto, tú, desde tu soberanía estarás enviando un mandato al Universo, a tus células, a la energía, a todo lo que te rodea; y como todo mandato, lo emites con la certeza de que será ejecutado en la brevedad posible.

Divinidad
Dios, el Universo, la vida, los ángeles, las energías de alta vibración, la Madre Tierra, el Cosmos. Todo lo etéreo/subliminal que contiene y apoya mi transitar por este mundo. Es aquello en lo que deposito mi fe, mis fortalezas y mis anhelos.

Gracias, gracias, gracias
El número 3 es un número cabalístico, representa la Trinidad Perfecta: cuerpo, mente y espíritu; pasado, presente y futuro. El Universo se divide en tres planos: físico, mental y espiritual. Al agradecer o repetir Hecho está tres veces lo hago por todo lo que soy, por lo que tengo y por todo lo bueno que está por llegar. La gratitud es la máxima expresión del amor, es la llave de la abundancia y la multiplicadora de todo lo bueno en la vida.

Karma
Para mí el karma es una ley (no escrita) que trasciende alma, generaciones y linajes, no la veo necesariamente como algo malo, entiendo el karma como una consecuencia a palabras, actos y/o pensamientos, incluso los de nuestras vidas pasadas o los de nuestros ancestros, esto podría ser algo bueno o no tanto; recordando que en todo momento somos un balance entre luz y obscuridad, y aunque muchas veces no lo deseamos, nuestra sombra se hace presente. El Karma es la justicia divina.

Patrones Limitantes
Estructuras mentales que hemos adquirido de generación en generación e incluso de la sociedad, son acciones que ejecutamos y repetimos muchas veces inconsistentemente y sin saber por qué lo hacemos o de dónde vienen. Estamos tan acostumbrados a ellas que no cuestionamos su veracidad, simplemente están allí porque así ha sido siempre. Muchas de las veces esto es lo que nos impide creer en nosotros mismos o dar ese gran salto.

Ritual
Ceremonia sagrada que al menos yo no asocio con ninguna religión específica, para mí son actos espirituales y energéticos. Es un momento que tomo para mí y la divinidad, lo acompaño de flores, velas, incienso, palo santo, salvia blanca, oraciones espontáneas, mantras, música, baile, meditación, agua, aceites esenciales; puede ser al aire libre o en un espacio tranquilo,

sin mucho ruido ni distracciones. Es un momento de introspección e infinita gratitud que se celebra con regularidad, en soledad o con almas afines a esta práctica.

Ser Superior

Es la versión más elevada y expansiva de nosotros mismos. Sin ego, sin juicios, sin miedos, todo lo ve, todo lo sabe, incluso aquello que nosotros en nuestro cuerpo físico desconocemos. Es quien tiene todas las respuestas y conoce todos los caminos para nuestro desarrollo y evolución, su trabajo es guiarnos hacia la máxima expresión de nosotros mismos, su voz es la intuición y se comunica a través del tercer ojo. Las corazonadas son sus mensajes.

Transmutar

Alteración que sufren personas, elementos, creencias o energías desde su forma actual; cambiar algo a un estado diferente y con cualidades distintas. Considero que es una de las herramientas más poderosas para limpiar el campo energético de las personas y espacios. Lo veo como un proceso alquímico, en el que solicito a la ayuda divina que tome cualquier creencia, energía o pensamiento que no está alineado a la frecuencia de luz y amor para que lo transforme en amor puro. Este es el enfoque con el que doy uso a esta palabra en el libro.

Agradecimientos

Una vez más llegamos (juntos) al emocionante momento de cerrar un nuevo libro, que créemelo, este ha sido todo un viaje de sanación, aprendizaje y, sobre todo, aceptación. Cuando comencé a escribirlo tenía en mente algo totalmente distinto, y así transcurrieron las primeras semanas, mas mi alma no estaba alineada con el contenido, había algo más que necesitaba plasmarse en estas páginas, así que, requerí de muchos momentos de silencio y soledad para conectar con el mensaje que este libro quería compartir. Confío plenamente en que los libros tienen alma propia, y nos van mostrando el camino, este libro sabe aquello que yo aún no, y me rindo con inmensa gratitud ante esto. Deseo que lo que hoy te comparto desde lo más profundo de mi corazón, sea una herramienta que transforme tu vida de formas inimaginables como lo ha hecho con la mía.

Gracias a la Divinidad, a los códigos de luz, a la Madre Tierra, a las energías divinas y a la sabiduría de mis ancestros por manifestarse en estas letras. Gracias a Alegria Publishing que nuevamente acoge un libro mío, a Davina Ferreira por su inmensurable apoyo. A Mercedes Guzman por regalarme el prólogo para este libro, a Diane Castañeda por su maravilloso y profesional trabajo de diseño, a mis maestras de poesía, redacción y alquimia energética. A mis compañeras Activadoras de Dinero y Abundancia porque cada una desde su espacio seguro trae luz a los sueños de las otras. A mi querida Liliana Nogueira por la lectura y sus amorosos comentarios para este libro. A mi gran amiga Wendy Gómez por crear las maravillosas alas doradas que acompañan este libro. Inmensa gratitud a mi queridísima amiga, mentora y editora Michelle Remond, por compartir su amor, generosidad y sabiduría con mis libros pero, sobre todo, por su acompañamiento y por creer en mí y en mi trabajo. Te adoro infinito.

A mi esposo, Adrian, y a mis hijos, Gustavo y Alejandro, por ser respetuosos con mi tiempo y espacio para escribir, gracias por su apoyo y amor incondicional, sin ustedes no podría hacerlo.

Y con mi corazón abierto, gracias a ti, por tomar este libro entre tus manos y hacerlo tuyo.

¡Hasta pronto!

Biografía

PALOMA ALCANTAR es escritora, autora y poeta mexicana. Nació en el estado de Querétaro, México, sin embargo, ha radicado en Estados Unidos los últimos años. Cursó la carrera de Administración Financiera en su país natal y posteriormente concluyó sus estudios de Psicología de la Nutrición en Pensilvania, Estados Unidos. Actualmente también es editora, traductora y correctora de estilo, lo que le permite acompañar a otros escritores en la creación de sus proyectos literarios. Apasionada estudiante de temas diversos acerca del desarrollo personal y prácticas espirituales, lo que ha sido parte de su propio proceso de crecimiento y lo que impulsó su profunda conexión con la Alquimia Energética, llevándola a certificarse como Coach Energética y Activadora de Dinero y Abundancia por Mujer Holística.

Ha participado en diversos talleres literarios en España, México y Estados Unidos, fue galardonada con el Premio Internacional de Poesía 2019 del Instituto de Cultura Peruana de Miami, en el mismo año formó parte de la Antología Poetas y Narradores 2019. En 2020 colaboró junto con otros escritores en The Latinx Poetry Project, una compilación de rima hispana que enaltece la cultura latina en Estados Unidos. A principios del 2021 fue publicado su primer libro como autora individual *Déjame Contarte Lo Que Dice El Corazón*, mismo que está bajo la pauta de la casa editorial Alegria Publishing, editorial que nuevamente le abre las puertas para *Magia: Tú*.

El amor, la interioridad, la feminidad y la resiliencia son elementos indispensables en su temática.